Impressum
Verlag: BABADADA GmbH, Nedderfeld 112 , 22529 Hamburg
Geschäftsführer / Verlagsleitung: Harald Hof
Druck: Books on Demand GmbH, In de Tarpen 42, 22848 Norderstedt

Imprint
Publisher: BABADADA GmbH, Nedderfeld 112 , 22529 Hamburg, Germany
Managing Director / Publishing direction: Harald Hof
Print: Books on Demand GmbH, In de Tarpen 42, 22848 Norderstedt

school
skole

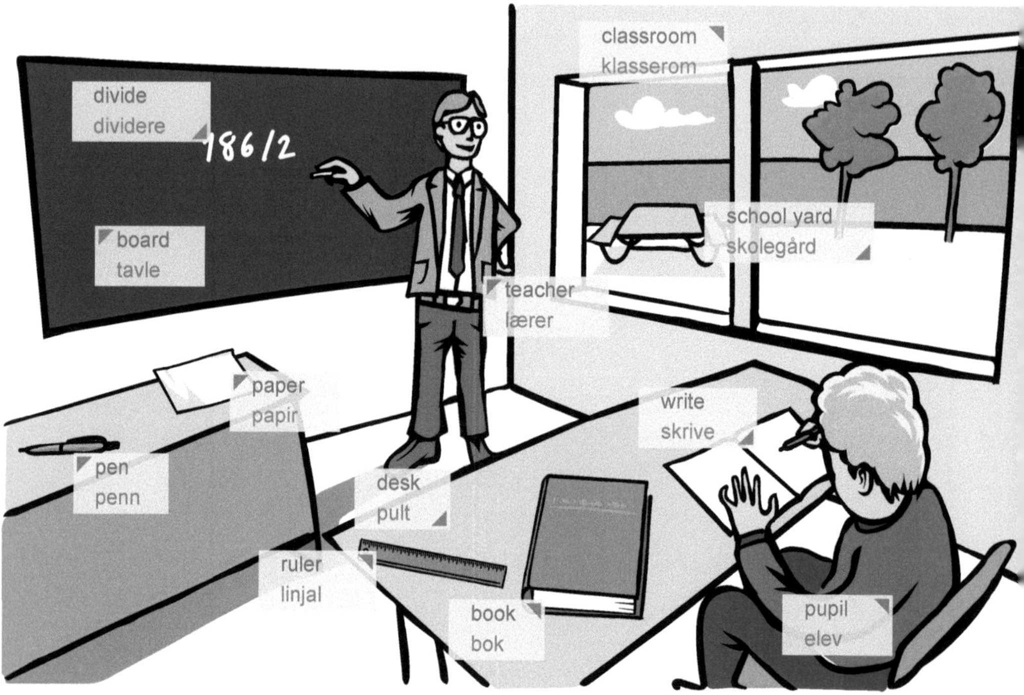
classroom
klasserom
divide
dividere
186/2
board
tavle
school yard
skolegård
teacher
lærer
paper
papir
write
skrive
pen
penn
desk
pult
ruler
linjal
book
bok
pupil
elev

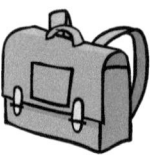

satchel
ransel

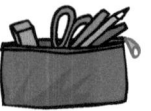

pencil case
penal

pencil
blyant

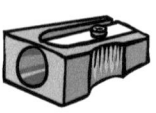

pencil sharpener
blyantspisser

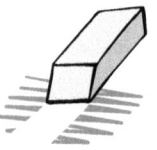

rubber
viskelær

drawing pad
tegneblokk

drawing

tegning

paintbrush

pensel

paint box

malerskrin

scissors

saks

glue

lim

exercise book

arbeidsbok

homework

lekse

number

tall

2+2

add

addere

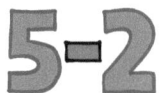

subtract

subtrahere

multiply

multiplisere

calculate

regne

letter

bokstav

alphabet

alfabet

word

ord

text

tekst

read

lese

chalk

kritt

lesson

skoletime

register

klassebok

exam

eksamen

certificate

vitnemål

school uniform

skoleuniform

education

utdannelse

encyclopedia

leksikon

university

universitet

microscope

mikroskop

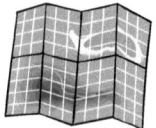

map

kart

waste-paper basket

papirkurv

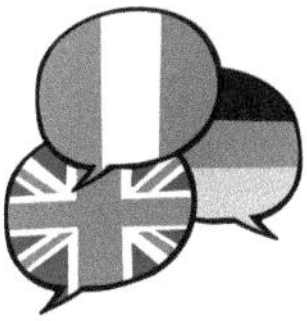

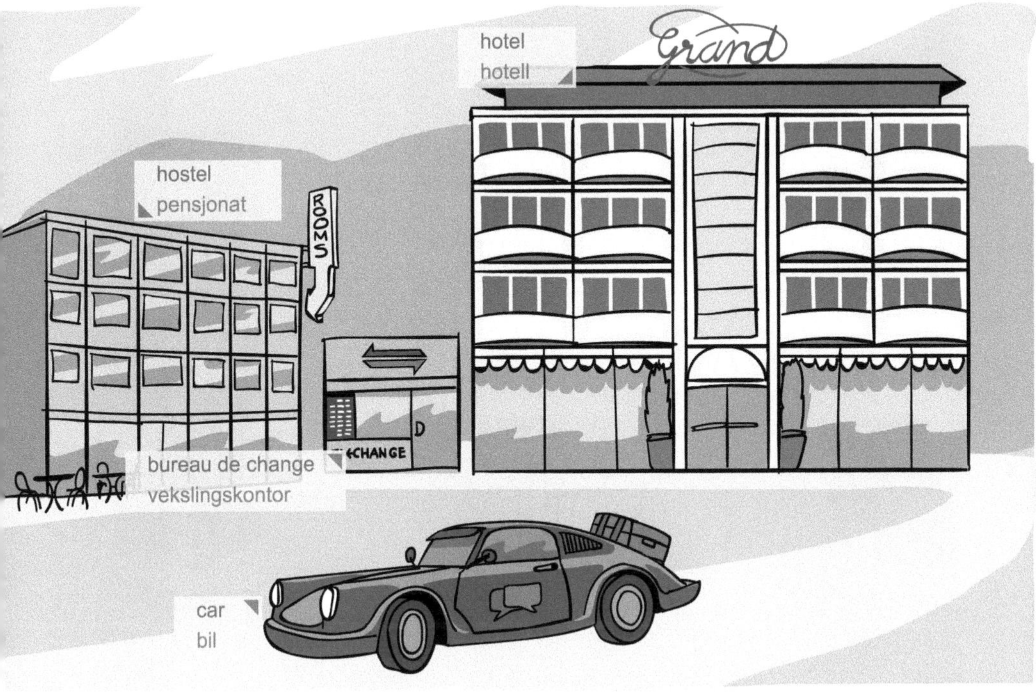
hotel
hotell
Grand
hostel
pensjonat
ROOMS
bureau de change
vekslingskontor
CHANGE
car
bil

language

språk

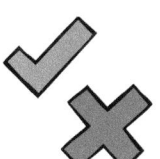

yes / no

ja / nei

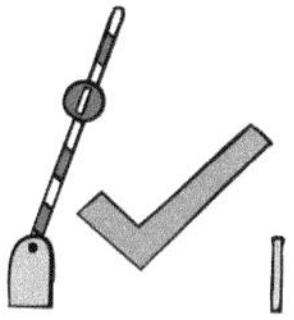

Okay

okay

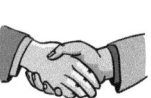

hello

Hei

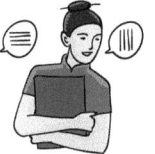

translator

tolk

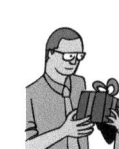

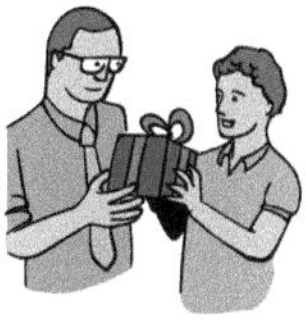

Thank you

takk skal du ha

how much is...?

Hva koster...?

I do not understand

Jeg forstår ikke

problem

problem

Good evening!

God kveld!

Good morning!

God morgen!

Good night!

God natt!

bye bye

ha det bra

direction

retning

luggage

bagasje

bag

veske

backpack

ryggsekk

guest

gjest

room

rom

sleeping bag

sovepose

tent

telt

tourist information

turistinformasjon

beach

strand

credit card

kredittkort

breakfast

frokost

lunch

lunsj

dinner

middag

ticket

billett

lift

heis

stamp

stempel

border

grense

customs

toll

embassy

ambassade

visa

visum

passport

pass

transport
transport

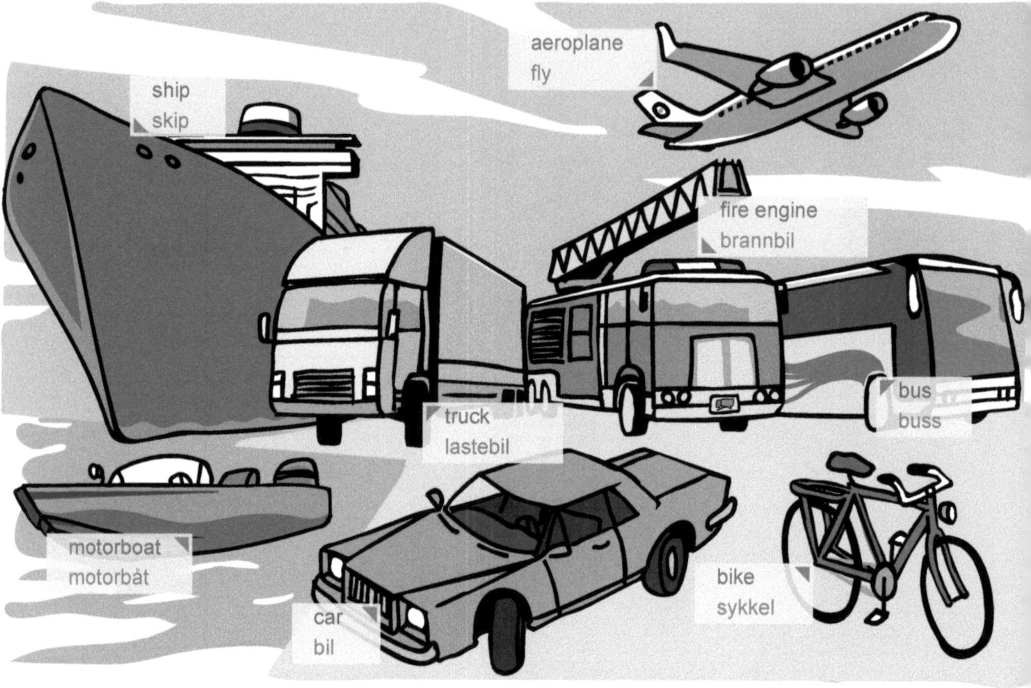

aeroplane
fly
ship
skip
fire engine
brannbil
bus
buss
truck
lastebil
motorboat
motorbåt
bike
sykkel
car
bil

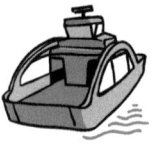

ferry
ferge

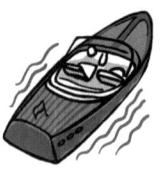

boat
båt

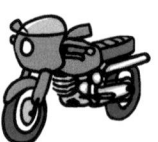

motorbike
motorsykkel

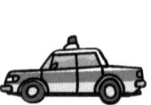

police car
politibil

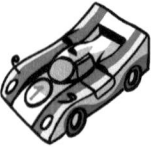

racing car
racerbil

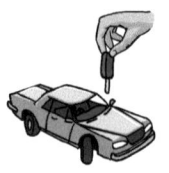

rental car
leiebil

car sharing

bilkollektiv

breakdown truck

bergingsbil

refuse truck

søppelbil

motor

motor

fuel

brennstoff

petrol station

bensinstasjon

traffic sign

trafikkskilt

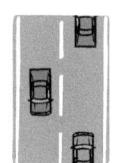

traffic

trafikk

traffic jam

trafikkork

car park

parkeringsplass

train station

togstasjon

tracks

skinne

train

tog

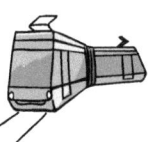

tram

trikk

carriage

vogn

helicopter
helikopter

airport
flyplass

tower
tårn

passenger
passasjer

container
konteiner

carton
kartong

cart
tralle

basket
kurv

take off / land
starte / lande

city
by

village
landsby

city centre
sentrum

house
hus

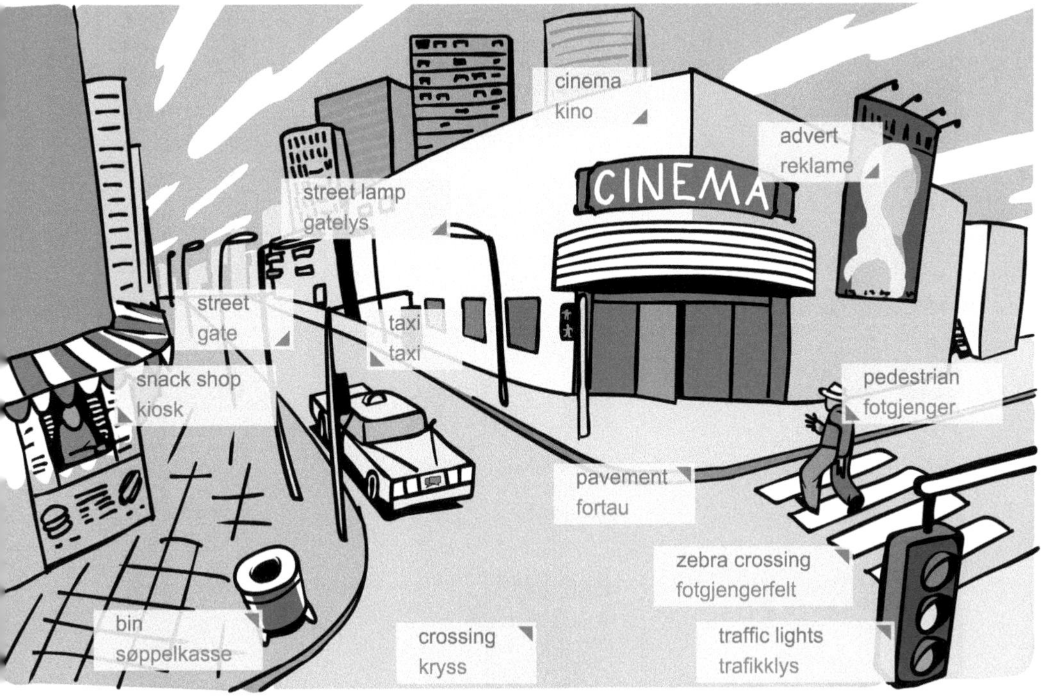

cinema
kino

advert
reklame

street lamp
gatelys

CINEMA

street
gate

taxi
taxi

snack shop
kiosk

pedestrian
fotgjenger

pavement
fortau

zebra crossing
fotgjengerfelt

bin
søppelkasse

crossing
kryss

traffic lights
trafikklys

hut
hytte

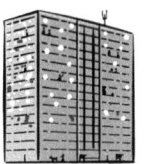

flat
leilighet

train station
togstasjon

town hall
rådhus

museum
museum

school
skole

university

universitet

bank

bank

hospital

sykehus

hotel

hotell

pharmacy

apotek

office

kontor

book shop

bokhandel

shop

butikk

florist's

blomsterbutikk

supermarket

matbutikk

market

marked

department store

varehus

fishmonger's

fiskehandler

shopping centre

kjøpesenter

harbour

havn

park

park

bench

benk

bridge

bro

stairs

trapp

underground

t-bane

tunnel

tunnel

bus stop

busstopp

bar

bar

restaurant

restaurant

postbox

postkasse

street sign

gateskilt

parking meter

parkometer

zoo

dyrehage

swimming pool

svømmebasseng

mosque

moské

farm
bondegård

pollution
miljøforurensing

graveyard
kirkegård

church
kirke

playground
lekeplass

temple
tempel

landscape
landskap

signpost
veiviser

way
vei

meadow
eng

stone
stein

hiker
turgåer

tree
tre

river
elv

grass
gress

flower
blomst

valley

dal

hill

fjell

lake

innsjø

forest

skog

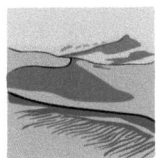

desert

ørken

volcano

vulkan

castle

slott

rainbow

regnbue

mushroom

sopp

palm tree

palmetre

mosquito

mygg

fly

flue

ant

maur

bee

bie

spider

edderkopp

beetle

bille

frog

frosk

squirrel

ekorn

hedgehog

piggsvin

hare

hare

owl

ugle

bird

fugl

swan

svane

boar

villsvin

deer

hjort

moose

elg

dam

demning

wind turbine

vindturbin

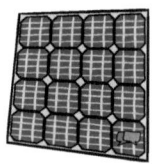

solar panel

solcellepanel

climate

klima

restaurant

restaurant

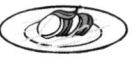

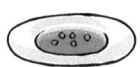

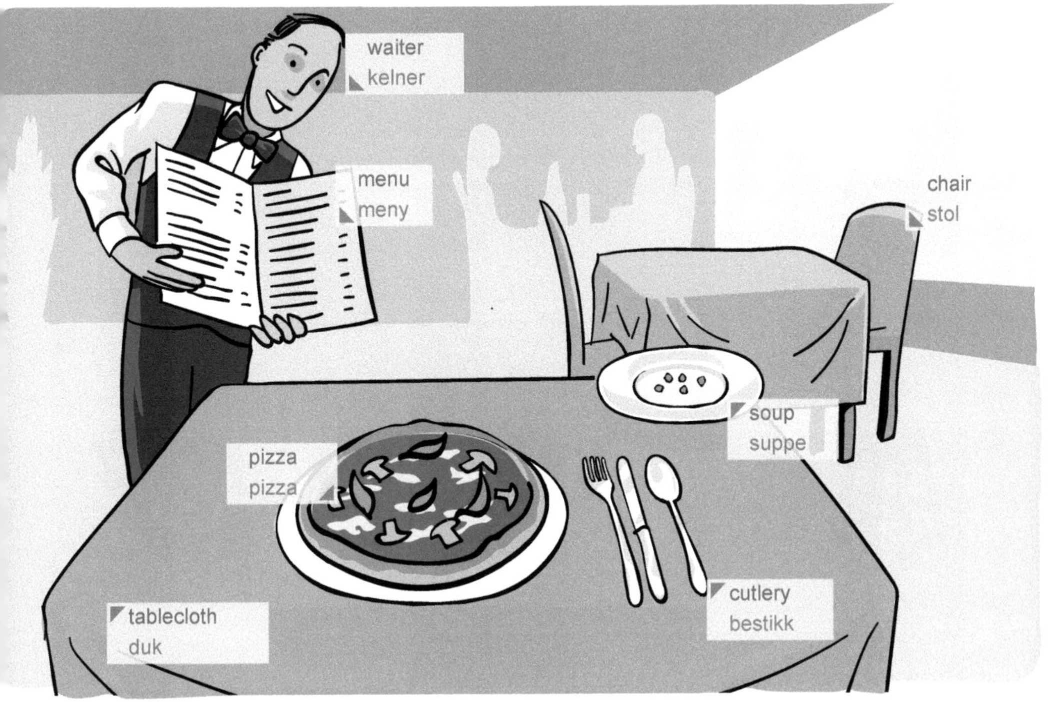
waiter
kelner
menu
meny
chair
stol
soup
suppe
pizza
pizza
tablecloth
duk
cutlery
bestikk

starter

forrett

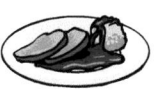

main course

hovedrett

dessert

dessert

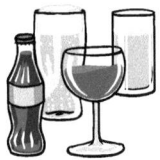

drinks

drikkevarer

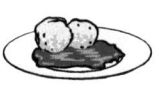

food

mat

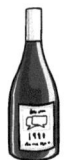

bottle

flaske

fast food

hurtigmat

street food

gatemat

teapot

tekanne

sugar bowl

sukkerskål

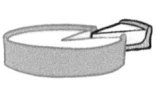

portion

porsjon

espresso machine

espressomaskin

high chair

barnestol

bill

regning

tray

brett

knife

kniv

fork

gaffel

spoon

skje

teaspoon

teskje

serviette

serviett

glass

glass

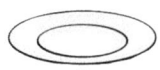		
plate	soup plate	saucer
tallerken	suppetallerken	skål

sauce	salt pot	pepper mill
saus	saltbøsse	pepperkvern
		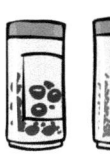
vinegar	oil	spices
eddik	olje	krydder

ketchup	mustard	mayonnaise
ketchup	sennep	majones

supermarket
matbutikk

special offer
tilbud
FOR
customer
kunde
dairy
meieriprodukt
fruit
frukt
trolley
handlevogn

BUTCHERS

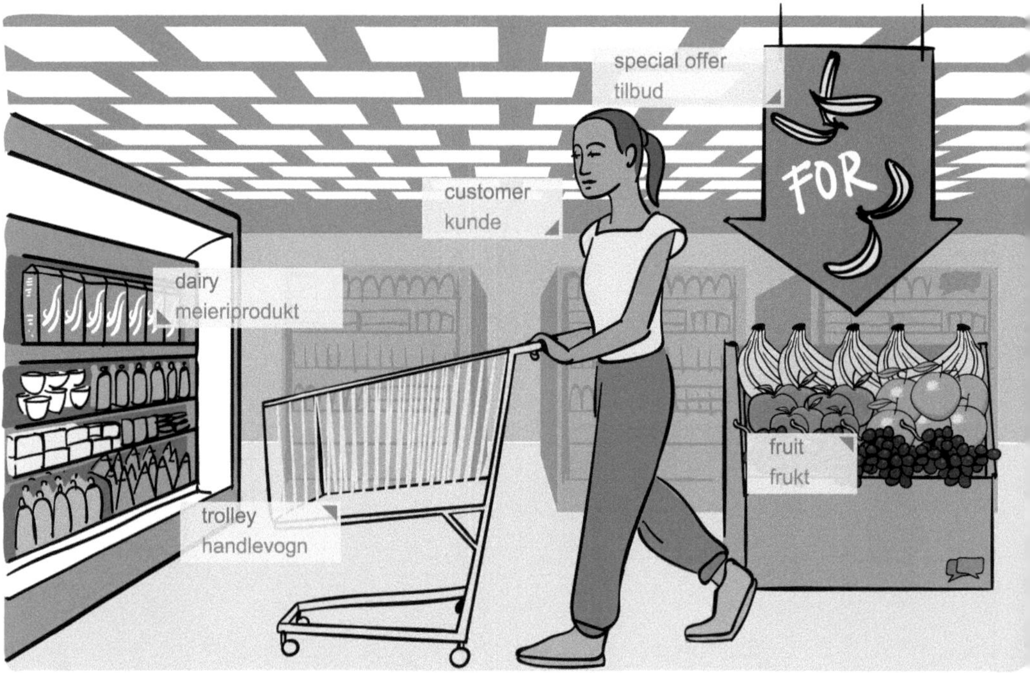

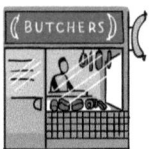

butcher´s

slakter

BAKERY

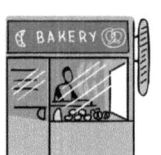

baker´s

bakeri

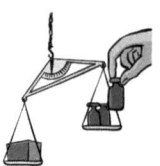

weigh

veie

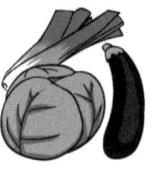

vegetables

grønnsaker

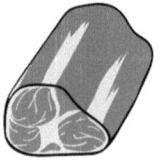

meat

kjøtt

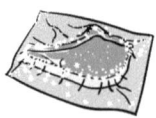

frozen food

frysevarer

cold meat
oppskåret pålegg

tinned food
hermetikk

washing powder
vaskepulver

sweets
godteri

household products
husholdningsprodukter

cleaning products
rengjøringsmidler

salesperson
butikkmedarbeider

till
kassaapparat

cashier
kasserer

shopping list
handleliste

opening hours
åpningstider

wallet
lommebok

credit card
kredittkort

bag
veske

plastic bag
plastpose

water

vann

juice

juice

milk

melk

coke

cola

wine

vin

beer

øl

alcohol

alkohol

cocoa

kakao

tea

te

coffee

kaffe

espresso

espresso

cappuccino

cappuccino

banana

banan

apple

eple

orange

appelsin

melon

melon

lemon

sitron

carrot

gulrot

garlic

hvitløk

bamboo

bambus

onion

løk

mushroom

sopp

nuts

nøtter

noodles

nudler

spaghetti

spagetti

rice

ris

salad

salat

chips

pommes frites

fried potatoes

stekte poteter

pizza

pizza

hamburger

hamburger

sandwich

sandwich

cutlet

biff

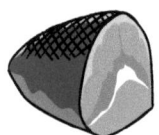

ham

skinke

salami

salami

sausage

pølse

chicken

kylling

roast

stek

fish

fisk

porridge oats

havregryn

muesli

müsli

cornflakes

cornflakes

flour

mel

croissant

croissant

bread roll

rundstykke

bread

brød

toast

ristet brød

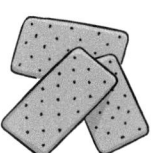

biscuits

kjeks

butter

smør

curd

kvarg

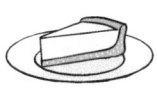

cake

kake

egg

egg

fried egg

speilegg

cheese

ost

ice cream

iskrem

sugar

sukker

honey

honning

jam

syltetøy

chocolate spread

sjokoladepålegg

curry

karri

goat

geit

cow

ku

calf

kalv

pig

gris

piglet

grisunge

bull

okse

goose

gås

duck

and

chick

kylling

hen

høne

cock

hane

rat

rotte

cat

katt

mouse

mus

ox

okse

dog

hund

doghouse

hundehus

garden hose

hageslange

watering can

vannkanne

scythe

ljå

plough

plog

sickle

sigd

hoe

hakke

pitchfork

høygaffel

axe

øks

wheelbarrow

trillebår

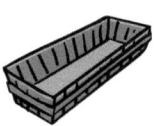

trough

trau

milk can

melkekanne

sack

sekk

fence

gjerde

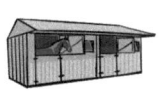

stable

fjøs

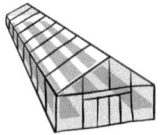

greenhouse

drivhus

soil

jord

seed

frø

fertilizer

gjødsel

combine harvester

skurtresker

harvest

høste

harvest

innhøsting

yams

yams

wheat

hvete

soy

soja

potato

potet

corn

mais

rapeseed

raps

fruit tree

frukttre

cassava

kassava

cereals

korn

house
hus

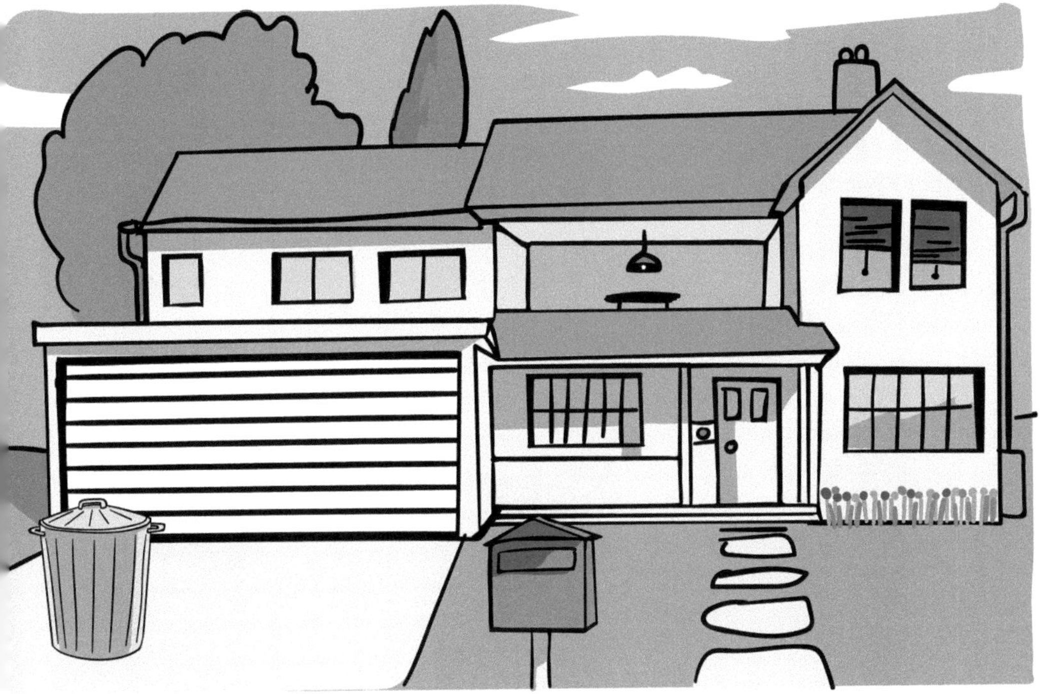

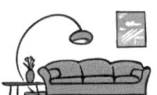

living room
stue

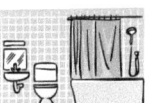

bathroom
bad

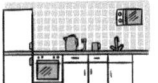

kitchen
kjøkken

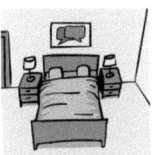

bedroom
soverom

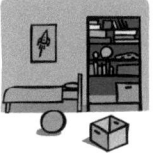

child's room
barnerom

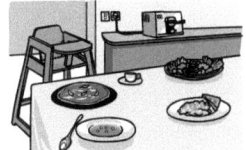

dining room
spisestue

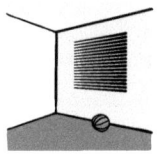

floor

gulv

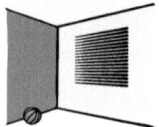

wall

vegg

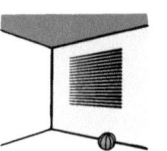

ceiling

tak

cellar

kjeller

sauna

badstue

balcony

balkong

terrace

terrasse

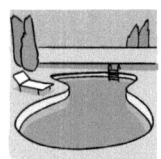

pool

svømmebasseng

lawn mower

gressklipper

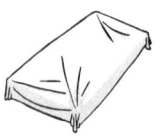

sheet

laken

bedspread

dyne

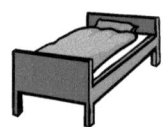

bed

seng

broom

kost

bucket

bøtte

switch

bryter

living room
stue

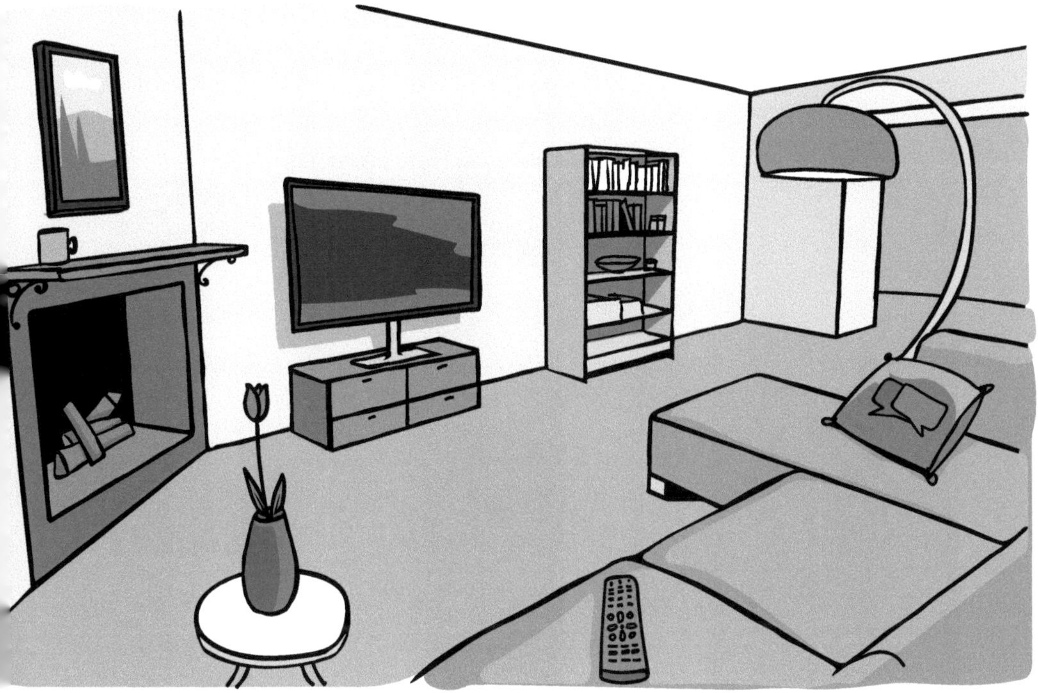

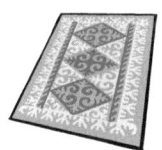

carpet
gulvteppe

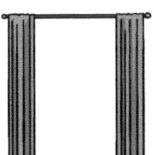

curtain
gardin

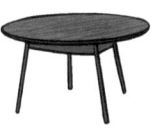

table
bord

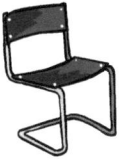

chair
stol

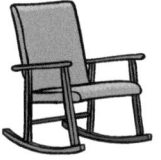

rocking chair
gyngestol

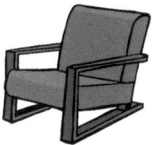

armchair
lenestol

book

bok

blanket

teppe

decoration

dekorasjon

firewood

ved

film

film

hi-fi equipment

stereoanlegg

key

nøkkel

newspaper

avis

painting

maleri

poster

plakat

radio

radio

notepad

notatblokk

hoover

støvsuger

cactus

kaktus

candle

lys

kitchen
kjøkken

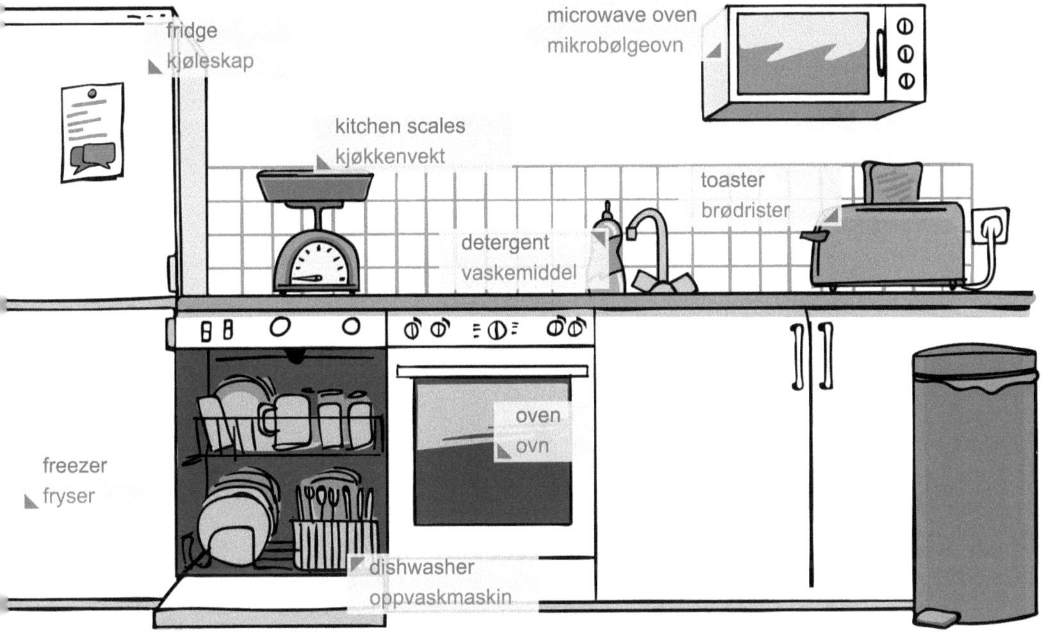

fridge
kjøleskap
microwave oven
mikrobølgeovn
kitchen scales
kjøkkenvekt
toaster
brødrister
detergent
vaskemiddel
oven
ovn
freezer
fryser
dishwasher
oppvaskmaskin

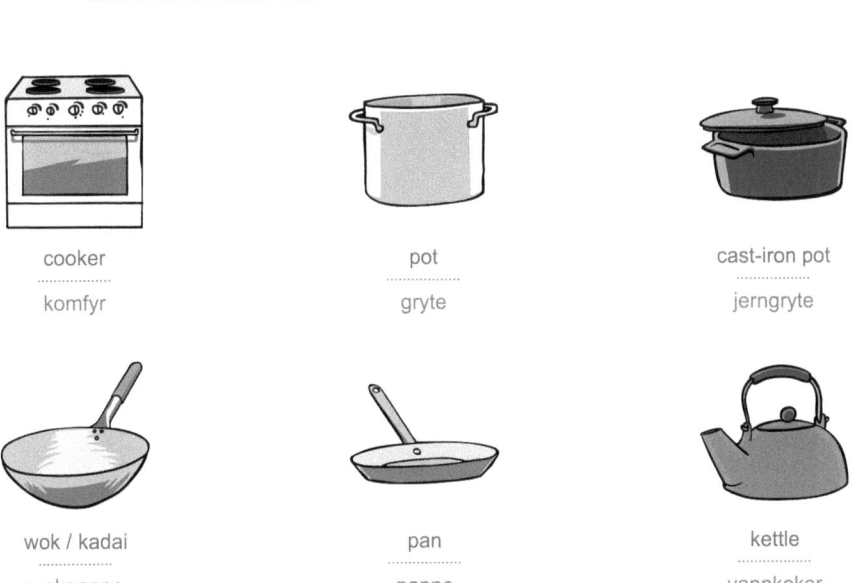

cooker
komfyr

pot
gryte

cast-iron pot
jerngryte

wok / kadai
wokpanne

pan
panne

kettle
vannkoker

steamer

dampovn

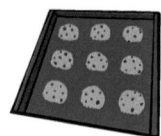

baking tray

stekebrett

crockery

servise

mug

krus

bowl

bolle

chopsticks

spisepinner

ladle

øse

spatula

stekespade

whisk

visp

strainer

sil

sieve

sil

grater

rivjern

mortar

mørtel

barbecue

grill

open fire

bål

chopping board
skjærefjøl

rolling pin
kjevle

corkscrew
korketrekker

can
boks

can opener
boksåpner

pot holder
gryteklut

sink
vask

brush
børste

sponge
svamp

blender
blender

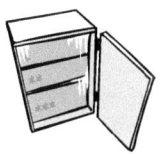

deep freezer
fryseboks

baby bottle
tåteflaske

tap
kran

kitchen - kjøkken

bathroom
bad

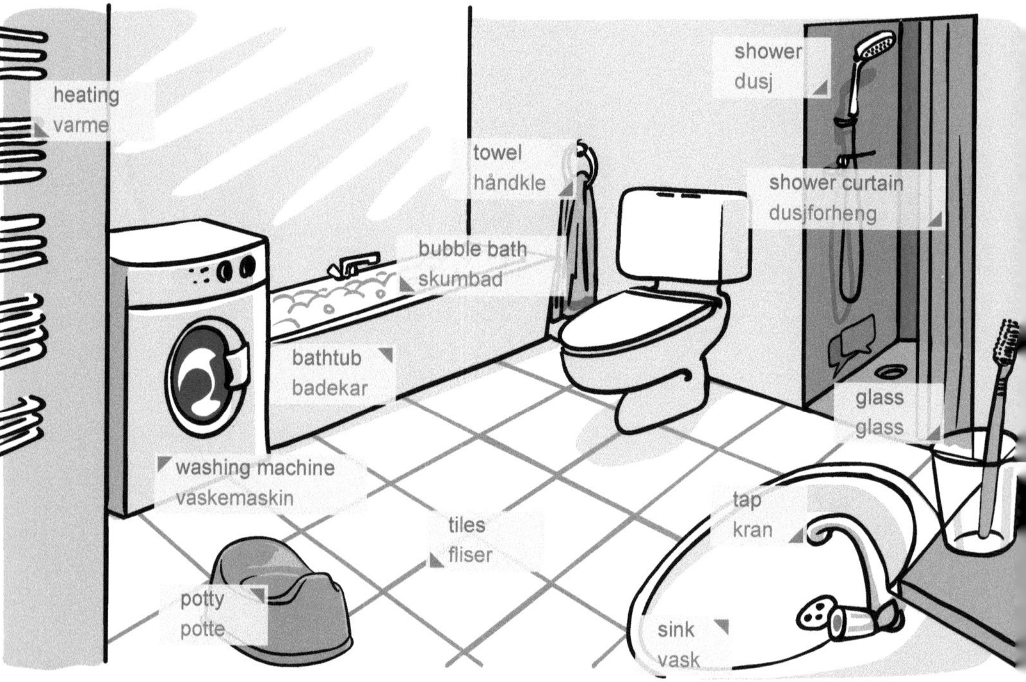
heating
varme
shower
dusj
towel
håndkle
shower curtain
dusjforheng
bubble bath
skumbad
bathtub
badekar
glass
glass
washing machine
vaskemaskin
tap
kran
tiles
fliser
potty
potte
sink
vask

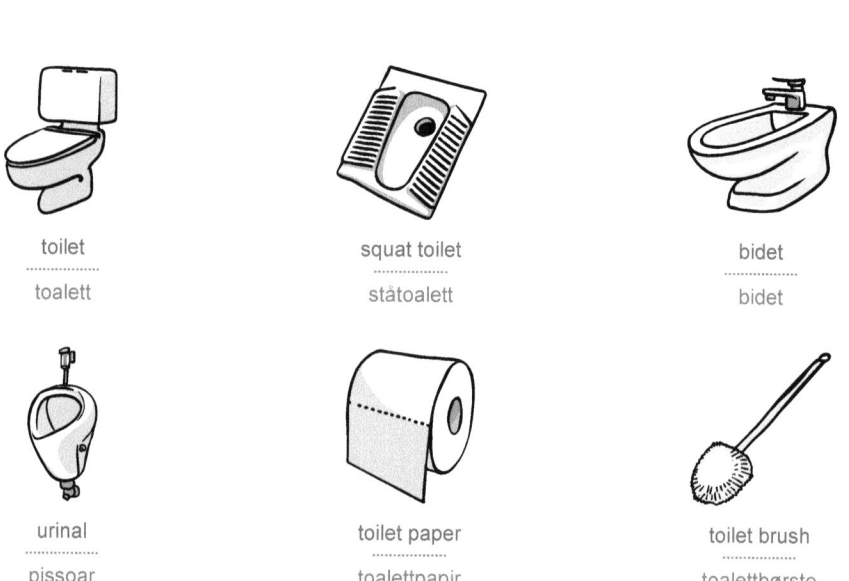

toilet
toalett

squat toilet
ståtoalett

bidet
bidet

urinal
pissoar

toilet paper
toalettpapir

toilet brush
toalettbørste

toothbrush

tannbørste

toothpaste

tannkrem

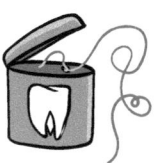

dental floss

tanntråd

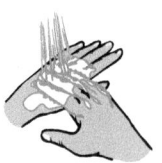

wash

vaske

handheld shower

hånddusj

douche

intimdusj

basin

oppvaskbalje

back brush

ryggbørste

soap

såpe

shower gel

dusjsåpe

shampoo

sjampo

flannel

vaskeklut

drain

avløp

cream

krem

deodorant

deodorant

mirror

speil

hand mirror

håndspeil

razor

barberhøvel

shaving foam

barberskum

aftershave

barberingsvann

comb

kam

brush

børste

hair dryer

hårføner

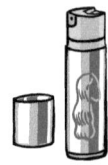

hairspray

hårspray

makeup

sminke

lipstick

lebestift

nail varnish

neglelakk

cotton wool

bomullsdott

nail scissors

neglesaks

perfume

parfyme

washbag
toalettmappe

stool
krakk

weighing scale
vekt

bathrobe
badekåpe

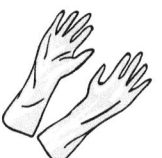

rubber gloves
gummihansker

tampon
tampong

sanitary towel
sanitetsbind

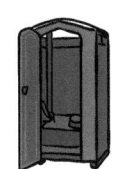

chemical toilet
kjemisk toalett

child's room
barnerom

alarm clock
vekkerklokke
cuddly toy
kosedyr
toy car
lekebil
rattle
rangle
doll's house
dukkehus
present
gave

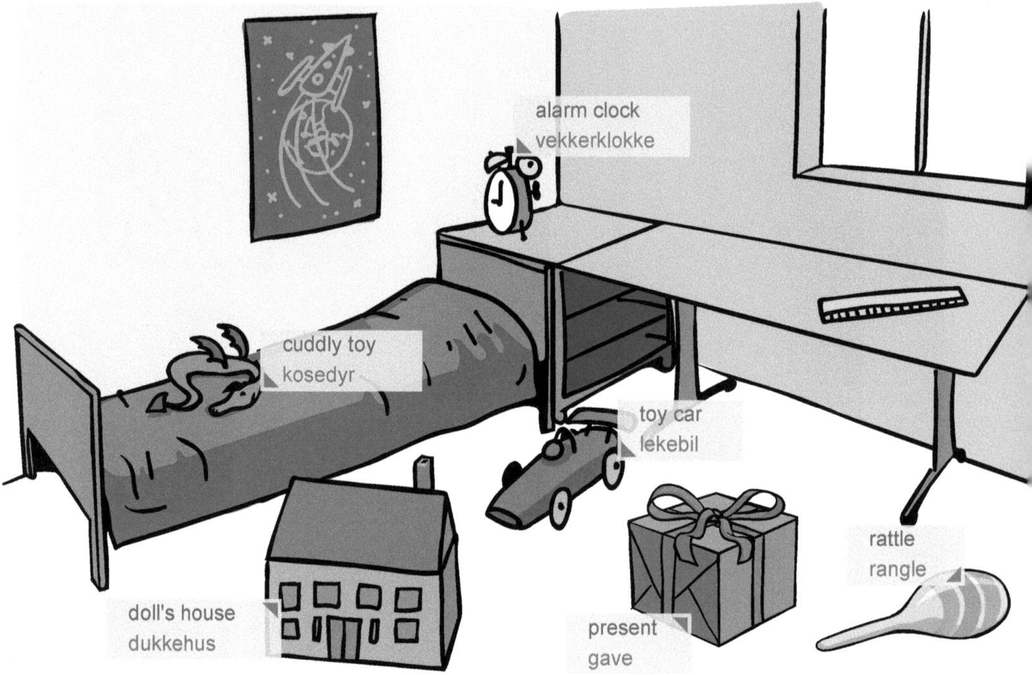

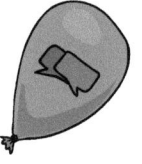

balloon

ballong

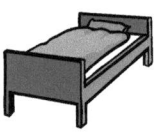

bed

seng

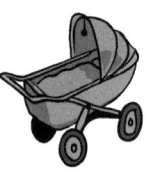

pram

barnevogn

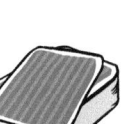

deck of cards

kortstokk

jigsaw

puslespill

SUPER
MEGA

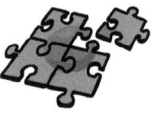

comic

tegneserie

lego bricks

lego klosser

building blocks

byggeklosser

action figure

actionfigur

babygrow

sparkebukse

frisbee

frisbee

mobile

uro

board game

brettspill

dice

terning

model train set

togbane

dummy

smokk

party

fest

picture book

bildebok

ball

ball

doll

dukke

play

leke

sandpit

sandkasse

swing

gynge

toys

leketøy

video game console

spillekonsoll

tricycle

trehjulssykkel

teddy bear

bamse

wardrobe

garderobeskap

clothing

klær

socks

sokker

stockings

strømper

tights

strømpebukse

scarf
skjerf

belt
belte

umbrella
paraply

t-shirt
t-skjorte

trainers
sneakers

boots
støvler

slippers
tøfler

sandals
sandaler

shoes
sko

rubber boots
gummistøvler

underpants
underbukse

bra
BH

vest
undertrøye

clothing - klær

body

body

trousers

bukse

jeans

dongeribukse

skirt

skjørt

blouse

bluse

shirt

skjorte

pullover

genser

hoodie

hettegenser

blazer

dressjakke

jacket

jakke

coat

kåpe

raincoat

regnjakke

costume

drakt

dress

kjole

wedding dress

brudekjole

suit
dress

nightgown
nattkjole

pyjamas
pyjamas

sari
sari

headscarf
skaut

turban
turban

burqa
burka

kaftan
kaftan

abaya
abaya

swimsuit
badedrakt

trunks
badebukse

shorts
shorts

tracksuit
treningsklær

apron
forkle

gloves
handske

button

knapp

glasses

brille

bracelet

armbånd

necklace

kjede

ring

ring

earring

øredobb

cap

lue

coat hanger

kleshenger

hat

hatt

tie

slips

zip

glidelås

helmet

hjelm

braces

bukseseler

school uniform

skoleuniform

uniform

uniform

clothing - klær

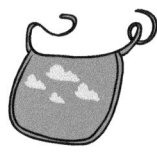

bib

smekke

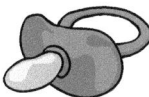

dummy

smokk

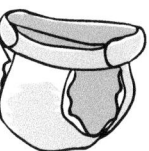

nappy

bleie

office

kontor

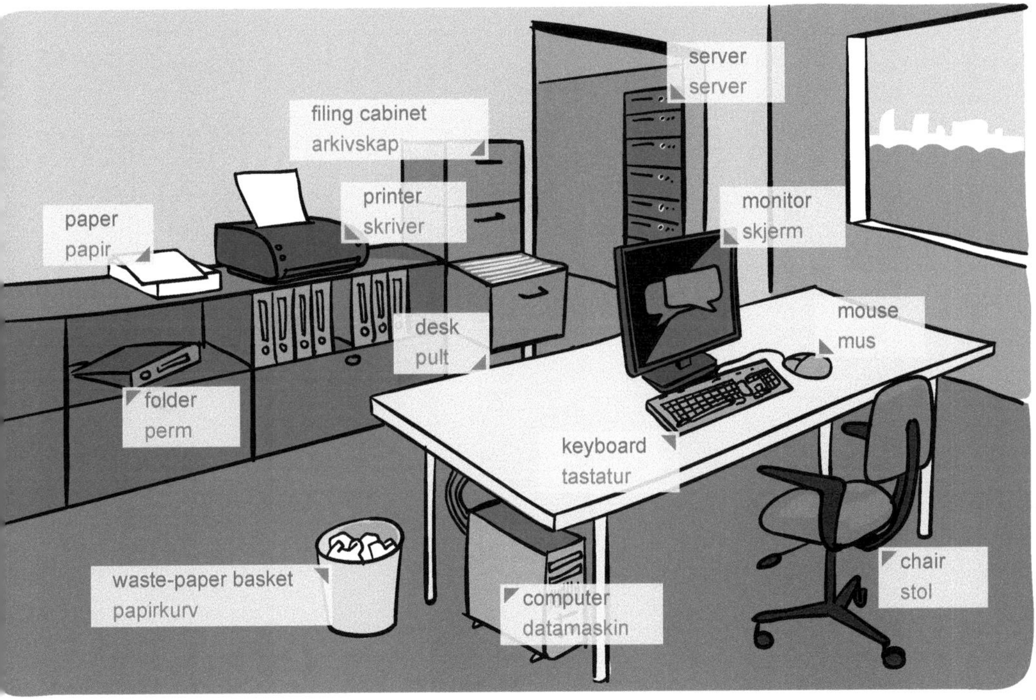
server
server
filing cabinet
arkivskap
printer
skriver
paper
papir
monitor
skjerm
mouse
mus
desk
pult
folder
perm
keyboard
tastatur
chair
stol
waste-paper basket
papirkurv
computer
datamaskin

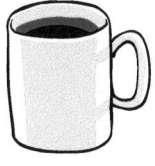

coffee mug

kaffekopp

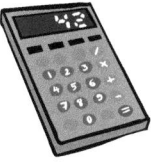

calculator

kalkulator

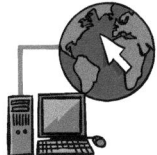

internet

internett

laptop
bærbar pc

letter
brev

message
beskjed

mobile
mobiltelefon

network
nettverk

photocopier
kopimaskin

software
programvare

telephone
telefon

plug socket
stikkontakt

fax machine
faksmaskin

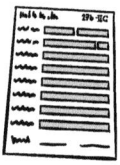

form
skjema

document
dokument

office - kontor

buy
kjøpe

pay
betale

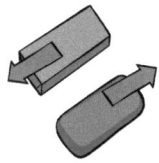
trade
handle

money
penger

dollar
dollar

euro
euro

yen
yen

rouble
rubel

Swiss franc
sveitserfranc

renminbi yuan
renminbi

rupee
rupi

cashpoint
minibank

bureau de change

vekslingskontor

gold

gull

silver

sølv

oil

olje

energy

energi

price

pris

contract

kontrakt

tax

avgift

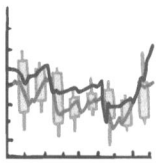

stock

aksje

work

jobbe

employee

ansatt

employer

arbeitsgiver

factory

fabrikk

shop

butikk

occupations
yrker

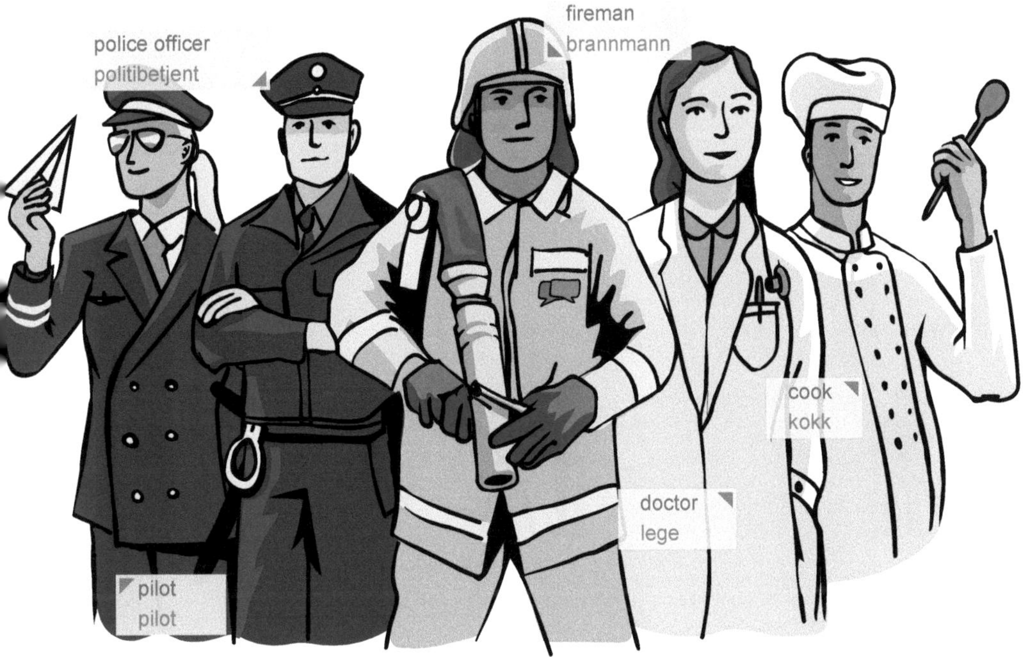
police officer
politibetjent
fireman
brannmann
cook
kokk
doctor
lege
pilot
pilot

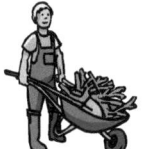

gardener

gartner

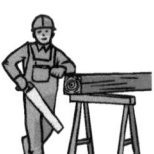

carpenter

snekker

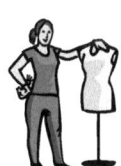

seamstress

syerske

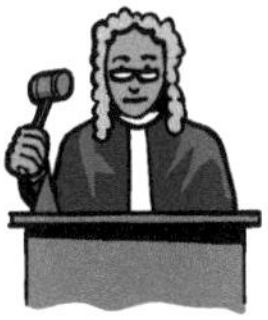

judge

dommer

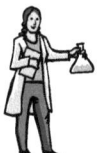

chemist

kjemiker

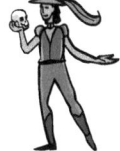

actor

skuespiller

bus driver

bussjåfør

taxi driver

taxisjåfør

fisherman

fisker

cleaning lady

vaskedame

roofer

taktekker

waiter

kelner

hunter

jeger

painter

maler

baker

baker

electrician

elektriker

builder

bygningsarbeider

engineer

ingeniør

butcher

slakter

plumber

rørlegger

postman

postbud

soldier

soldat

architect

arkitekt

cashier

kasserer

florist

blomsterhandler

hairdresser

frisør

conductor

konduktør

mechanic

mekaniker

captain

kaptein

dentist

tannlege

scientist

forsker

rabbi

rabbi

imam

imam

monk

munk

clergyman

prest

tools
verktøy

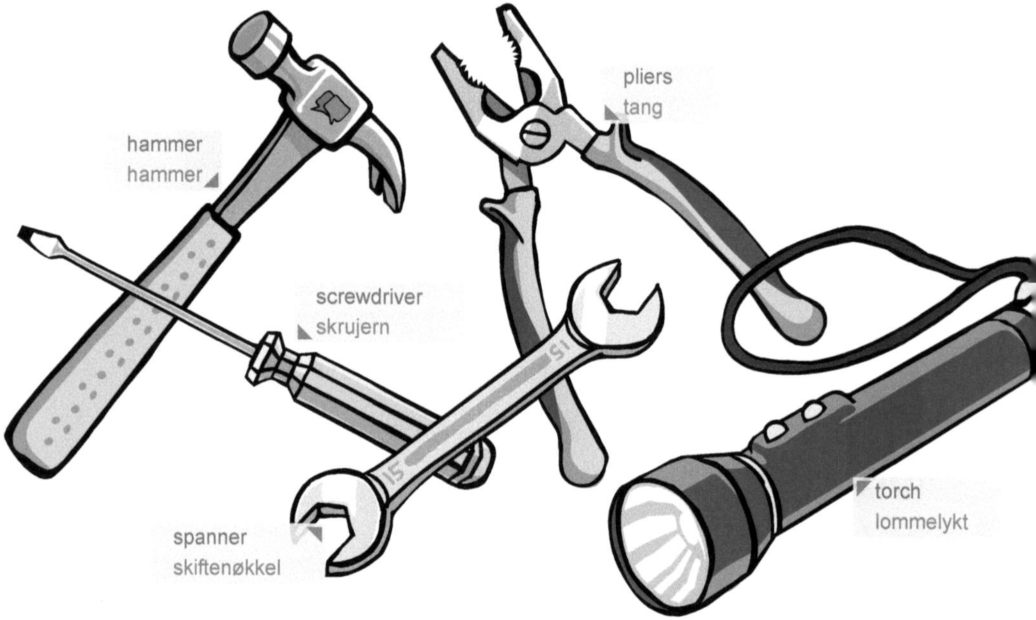
hammer
hammer
pliers
tang
screwdriver
skrujern
spanner
skiftenøkkel
torch
lommelykt

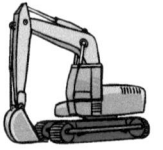

digger
gravemaskin

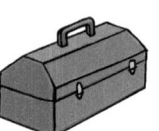

toolbox
verktøykasse

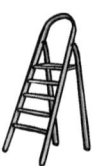

ladder
stige

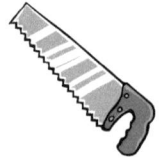

saw
sag

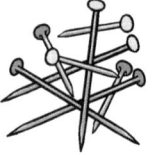

nails
spiker

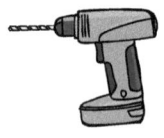

drill
bor

repair
reparere

shovel
spade

Damn!
Søren!

dustpan
feiebrett

paint pot
malingsspann

screws
skruer

musical instruments
musikkinstrument

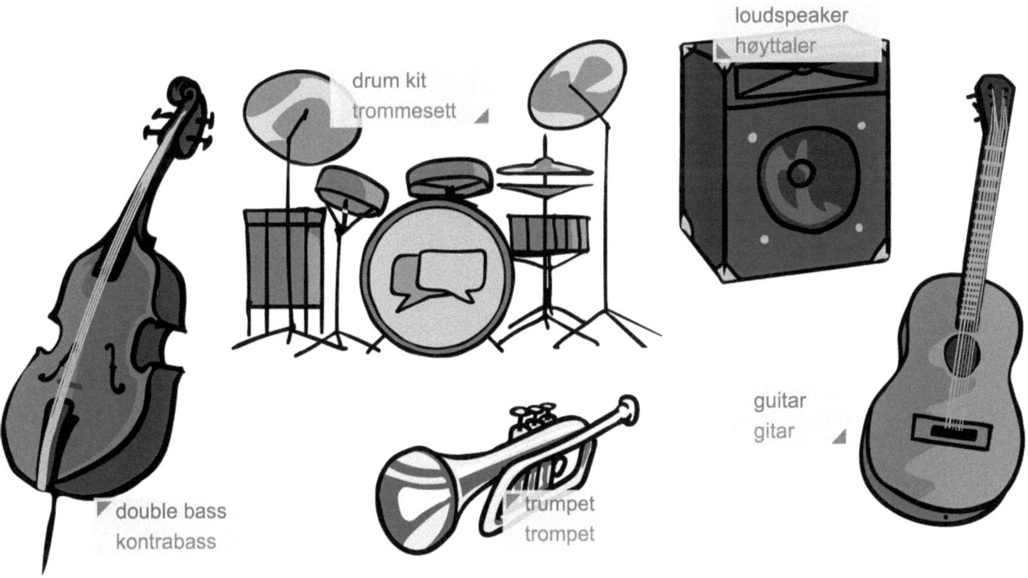

loudspeaker
høyttaler

drum kit
trommesett

guitar
gitar

double bass
kontrabass

trumpet
trompet

piano

piano

violin

fiolin

bass

bass

timpani

pauke

drums

trommer

keyboard

keyboard

saxophone

saksofon

flute

fløyte

microphone

mikrofon

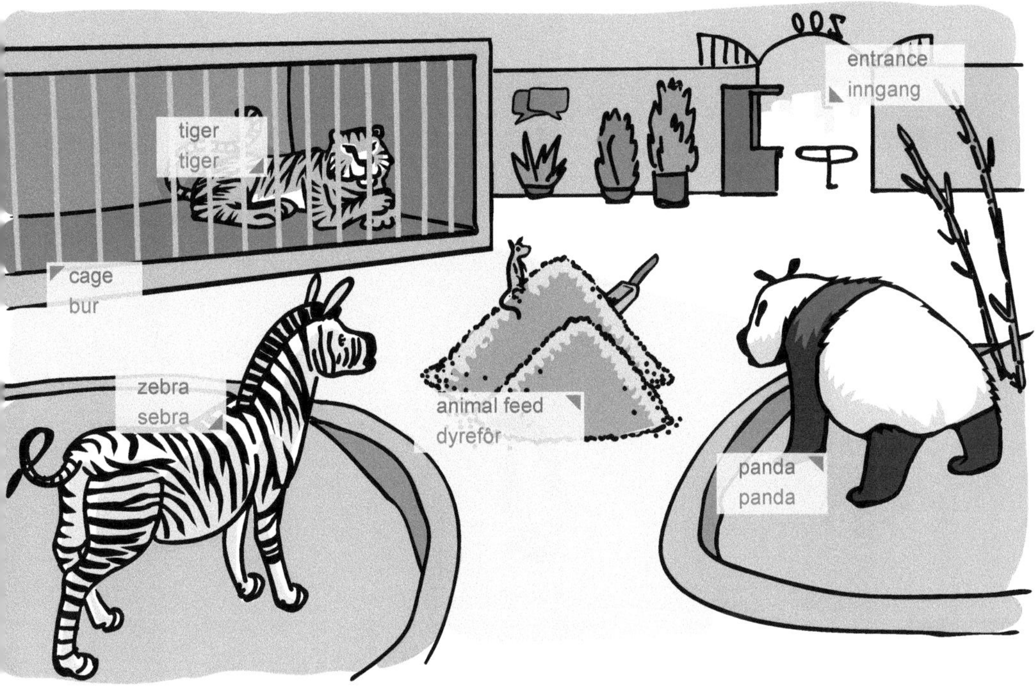

entrance
inngang

tiger
tiger

cage
bur

zebra
sebra

animal feed
dyrefôr

panda
panda

animals
dyr

elephant
elefant

kangaroo
kenguru

rhino
neshorn

gorilla
gorilla

bear
bjørn

camel

kamel

ostrich

struts

lion

løve

monkey

ape

flamingo

flamingo

parrot

papegøye

polar bear

isbjørn

penguin

pingvin

shark

hai

peacock

påfugl

snake

slange

crocodile

krokodille

zookeeper

dyrepasser

seal

sel

jaguar

jaguar

zoo - dyrehage

pony

ponni

leopard

leopard

hippo

flodhest

giraffe

giraff

eagle

ørn

boar

villsvin

fish

fisk

turtle

skilpadde

walrus

hvalross

fox

rev

gazelle

gaselle

American football
amerikansk fotball

cycling
sykling

tennis
tennis

basketball
basketball

swimming
svømming

boxing
boksing

ice hockey
ishockey

football
fotball

badminton
badminton

athletics
friidrett

handball
håndball

skiing
stå på ski

polo
polo

activities
aktiviteter

laugh
le
jump
hoppe
hug
klemme
walk
gå
sing
synge
dream
drømme
pray
be
kiss
kysse

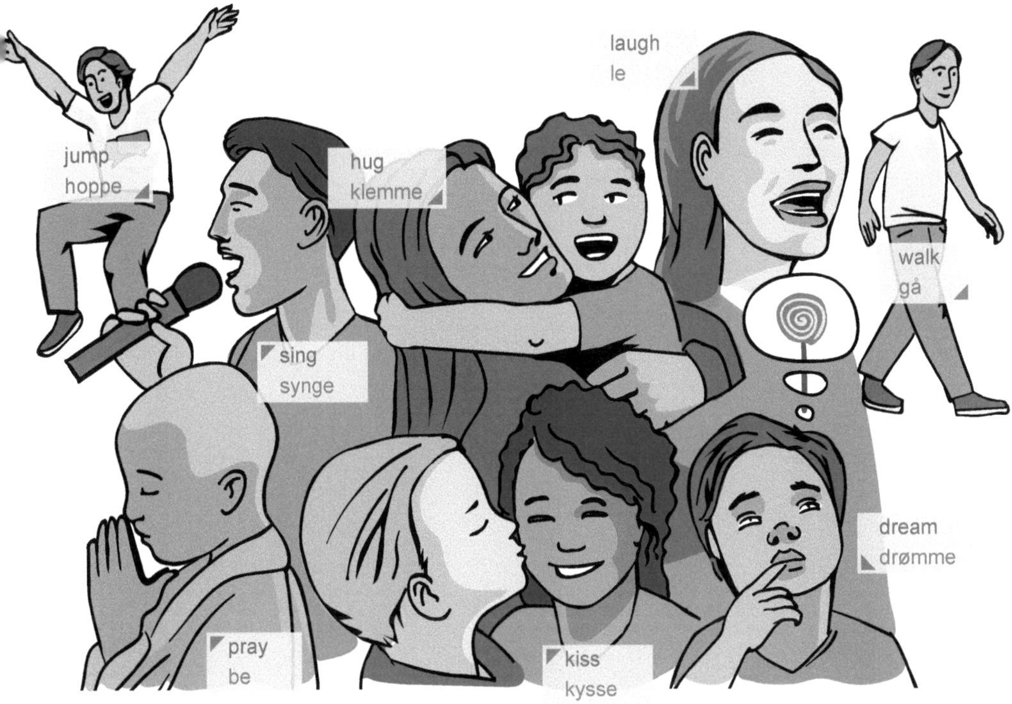

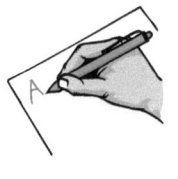

write
skrive

draw
tegne

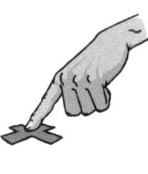

show
vise

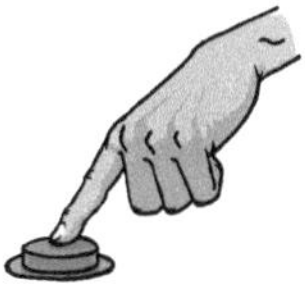

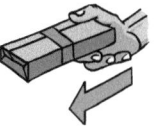

push
trykke

give
gi

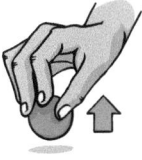

take
ta

have
ha

do
gjøre

be
være

stand
stå

run
løpe

pull
dra

throw
kaste

fall
falle

lie
ligge

wait
vente

carry
bære

sit
sitte

get dressed
kle på

sleep
sove

wake up
våkne

look at

se på

cry

gråte

stroke

stryke

comb

gre

talk

snakke

understand

forstå

ask

spørre

listen

høre

drink

drikke

eat

spise

tidy up

rydde

love

elske

cook

lage mat

drive

kjøre

fly

fly

sail

seile

calculate

regne

read

lese

learn

lære

work

jobbe

marry

gifte seg

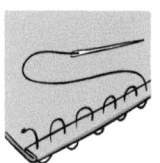

sew

sy

brush teeth

pusse tenner

kill

drepe

smoke

røyke

send

sende

family
familie

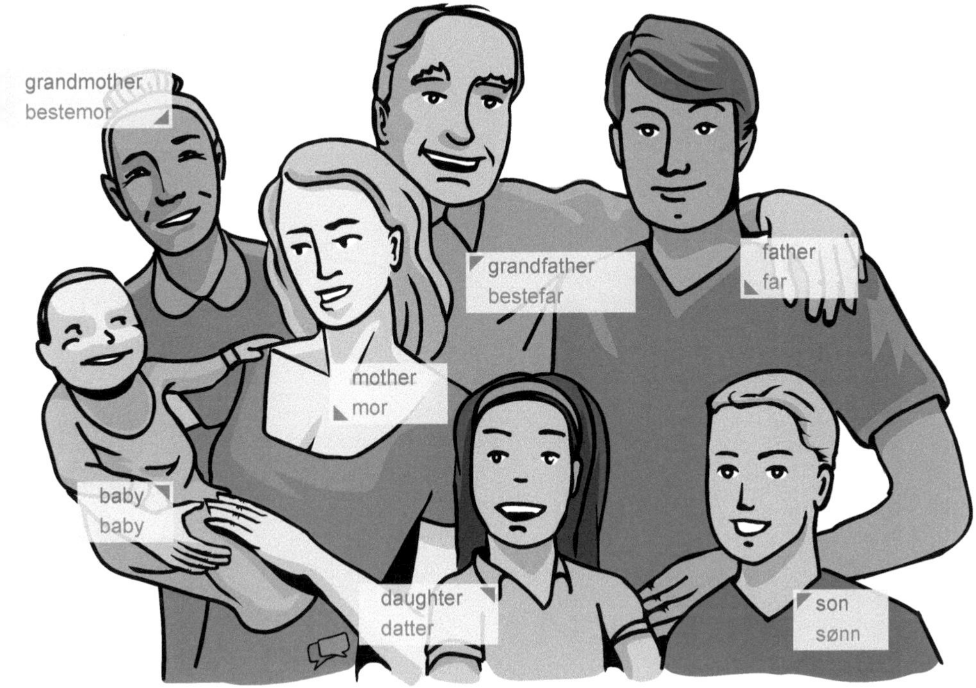
grandmother
bestemor
grandfather
bestefar
father
far
mother
mor
baby
baby
daughter
datter
son
sønn

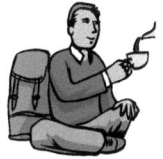

guest

gjest

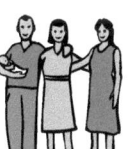

aunt

tante

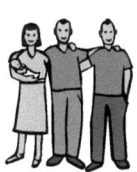

uncle

onkel

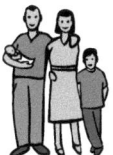

brother

bror

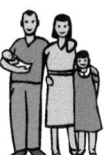

sister

søster

body
kropp

forehead
panne
eye
øye
shoulder
skulder
finger
finger
face
fjes
chin
hake
hand
hånd
leg
ben
breast
bryst
arm
arm

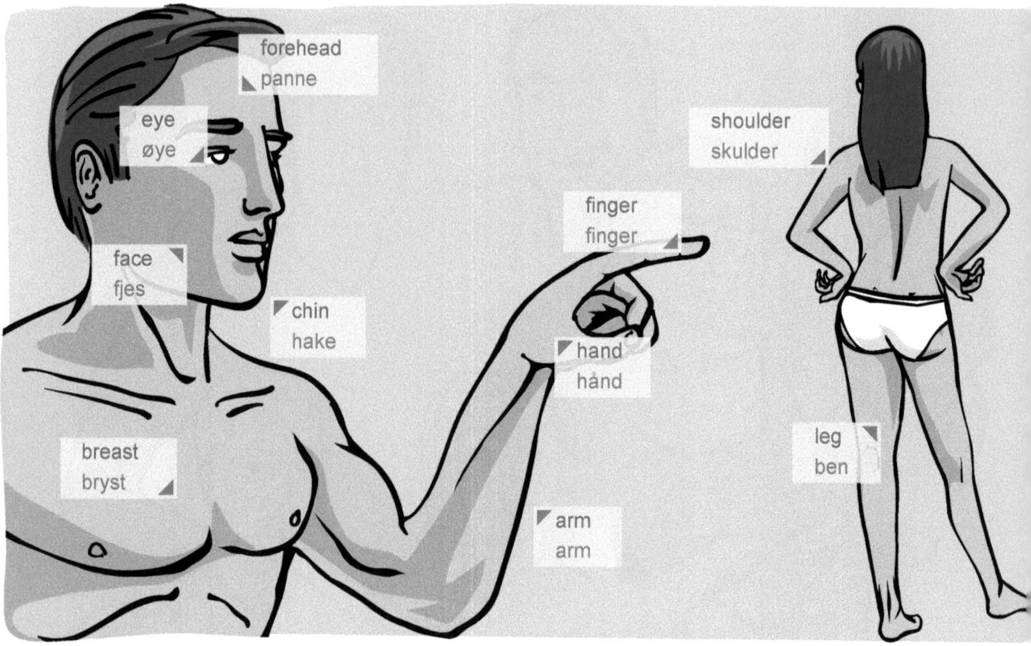

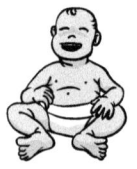

baby
baby

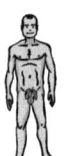

man
mann

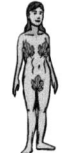

woman
kvinne

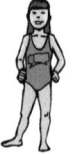

girl
jente

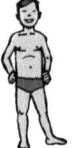

boy
gutt

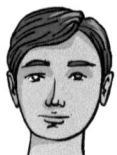

head
hode

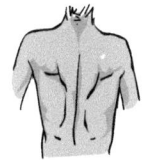

back
rygg

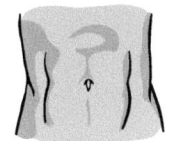

belly
mage

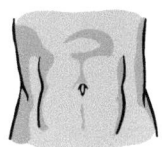

belly button
navle

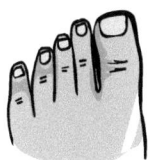

toe
tå

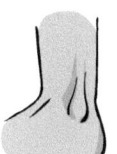

heel
hæl

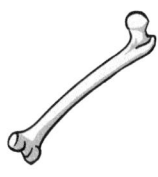

bone
bein

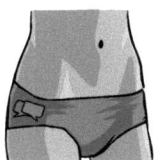

hip
hofte

knee
kne

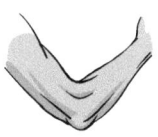

elbow
albue

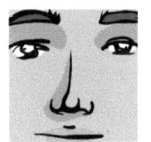

nose
nese

bottom
rumpe

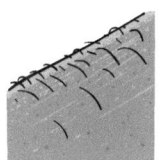

skin
hud

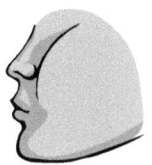

cheek
kinn

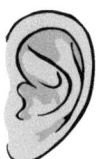

ear
øre

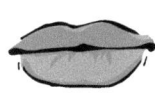

lip
leppe

mouth

munn

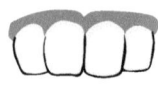

tooth

tann

tongue

tunge

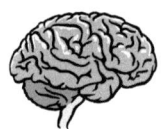

brain

hjerne

heart

hjerte

muscle

muskel

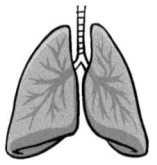

lung

lunge

liver

lever

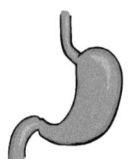

stomach

magesekk

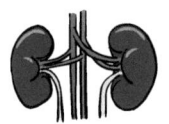

kidneys

nyrer

sex

samleie

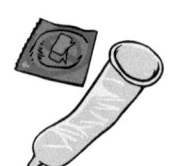

condom

kondom

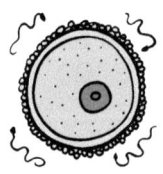

ovum

eggcelle

semen

sæd

pregnancy

graviditet

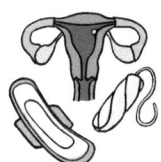

menstruation

menstruasjon

vagina

vagina

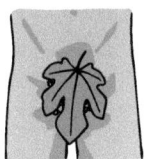

penis

penis

eyebrow

øyenbryn

hair

hår

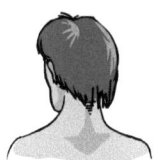

neck

hals

hospital
sykehus

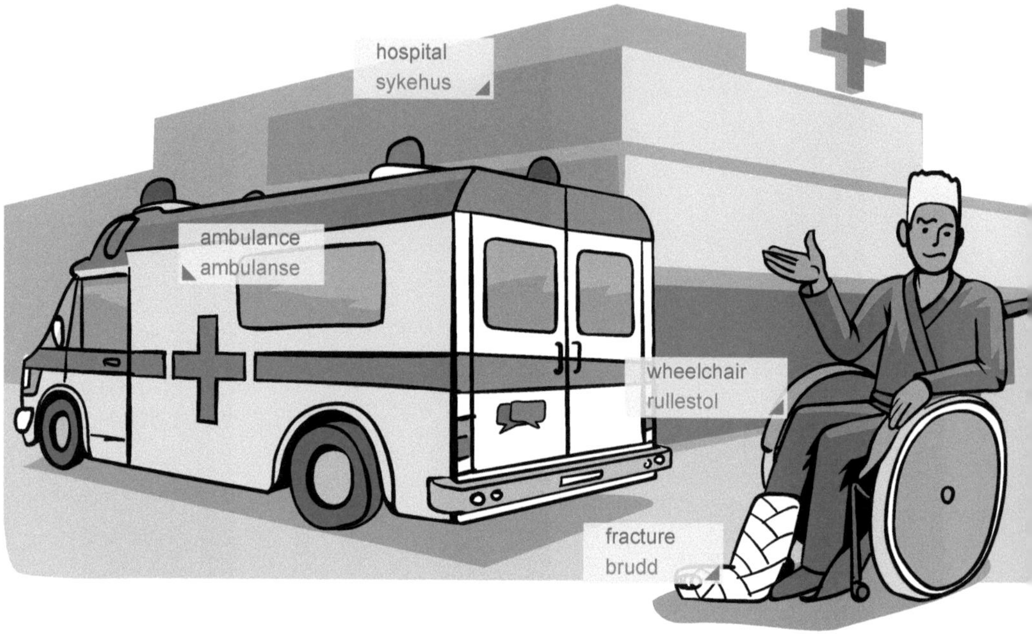

hospital
sykehus
ambulance
ambulanse
wheelchair
rullestol
fracture
brudd

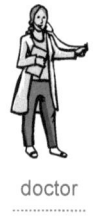

doctor

lege

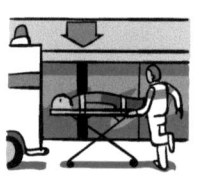

emergency room

akuttmottak

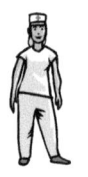

nurse

sykepleier

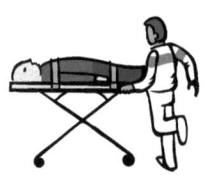

emergency

nødsituasjon

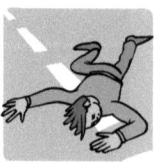

unconscious

bevisstløs

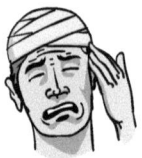

pain

smerte

injury

skade

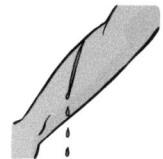

bleeding

blødning

heart attack

hjerteinfarkt

stroke

hjerneslag

allergy

allergi

cough

hoste

fever

feber

flu

influensa

diarrhoea

diaré

headache

hodepine

cancer

kreft

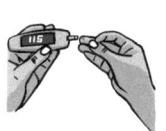

diabetes

diabetes

surgeon

kirurg

scalpel

skalpell

operation

operasjon

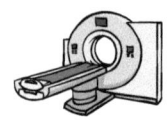

CT

CT

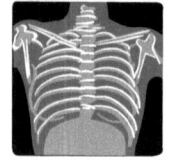

x-ray

røntgen

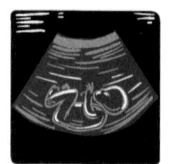

ultrasound

ultralyd

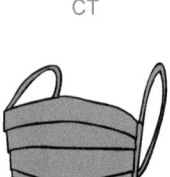

face mask

ansiktsmaske

disease

sykdom

waiting room

venterom

crutch

krykke

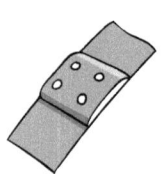

plaster

plaster

bandage

bandasje

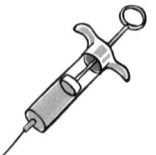

injection

injeksjon

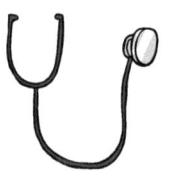

stethoscope

stetoskop

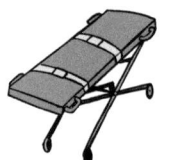

stretcher

båre

clinical thermometer

klinisk termometer

birth

fødsel

overweight

overvekt

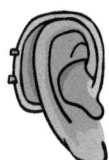

hearing aid

høreapparat

disinfectant

desinfeksjonsmiddel

infection

infeksjon

virus

virus

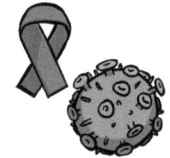

HIV / AIDS

HIV/AIDS

medicine

medisin

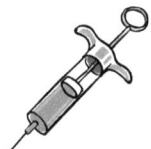

vaccination

vaksinasjon

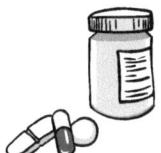

tablets

tabletter

pill

pille

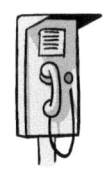

emergency call

nødanrop

blood pressure monitor

blodtrykksmåler

ill / healthy

syk / frisk

Help!	alarm	assault
Hjelp!	alarm	overfall

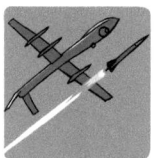

attack	danger	emergency exit
angrep	fare	nødutgang

Fire!	fire extinguisher	accident
Brann!	brannslukker	ulykke

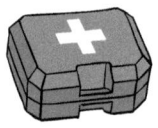

first-aid kit	SOS	police
førstehjelpsskrin	SOS	politi

Europe

Europa

North America

Nord-Amerika

South America

Sør-Amerika

Africa

Afrika

Asia

Asia

Australia

Australia

Atlantic

Atlanterhavet

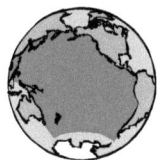

Pacific

Stillehavet

Indian Ocean

Det indiske hav

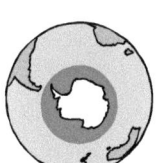

Antarctic Ocean

Sørishavet

Arctic Ocean

Nordishavet

North Pole

Nordpolen

South Pole

Sydpolen

Antarctica

Antarktis

Earth

jorden

land

land

sea

sjø

island

øy

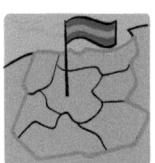

nation

nasjon

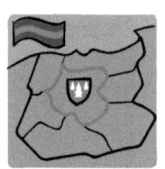

state

stat

clock face

urskive

hour hand

timeviser

minute hand

minuttviser

second hand

sekundviser

What time is it?

Hva er klokken?

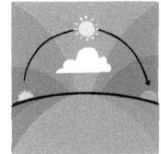

day

dag

time

tid

now

nå

digital watch

digitalklokke

minute

minutt

hour

time

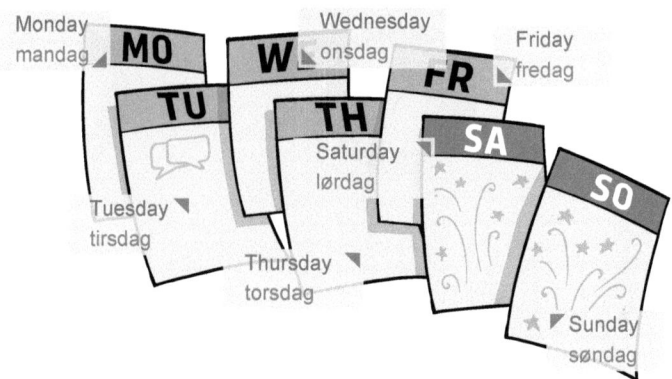

Monday
mandag

Wednesday
onsdag

Friday
fredag

Tuesday
tirsdag

Saturday
lørdag

Thursday
torsdag

Sunday
søndag

yesterday

i går

today

i dag

tomorrow

i morgen

morning

morgen

noon

middag

evening

kveld

business days

arbeidsdag

weekend

helg

rain / regn

spring / vår

summer / sommer

wind / vind

autumn / høst

snow / snø

winter / vinter

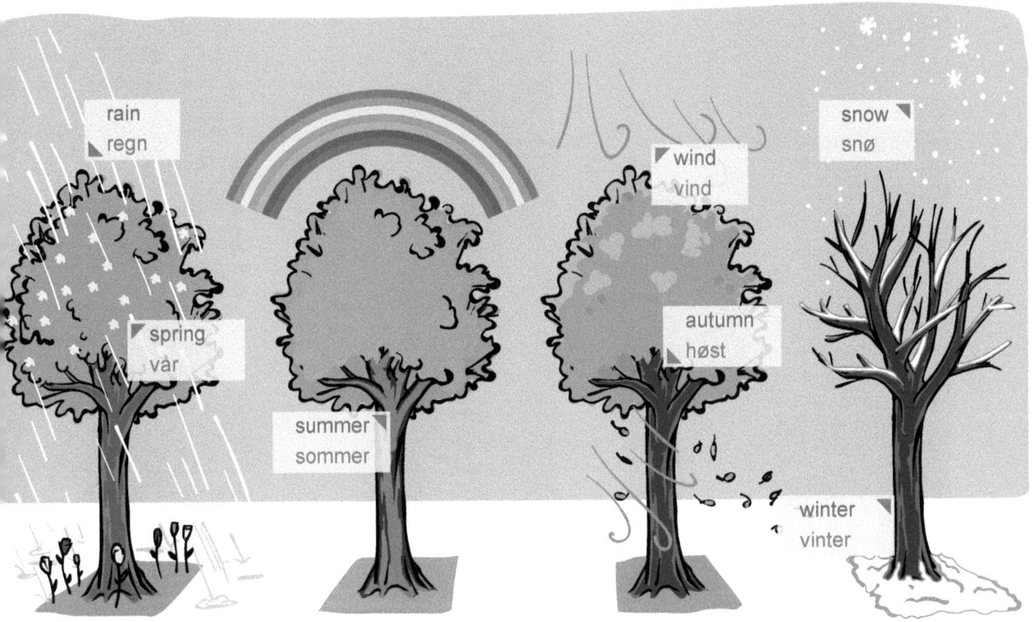

weather forecast

værmelding

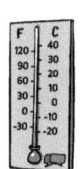

thermometer

termometer

sunshine

solskinn

cloud

sky

fog

tåke

humidity

luftfuktighet

lightning

lyn

thunder

torden

storm

storm

hail

hagl

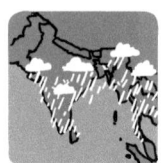

monsoon

monsun

flood

oversvømmelse

ice

is

January

januar

February

februar

March

mars

April

april

May

mai

June

juni

July

juli

August

august

September
....
september

October
....
oktober

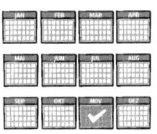

November
....
november

December
....
desember

shapes

former

circle
....
sirkel

square
....
kvadrat

rectangle
....
rektangel

triangle
....
triangel

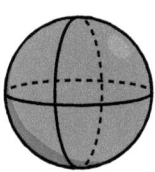

sphere
....
kule

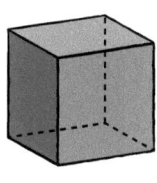

cube
....
kube

colours
farger

white
hvit

yellow
gul

orange
oransj

pink
rosa

red
rød

purple
lilla

blue
blå

green
grønn

brown
brun

grey
grå

black
svart

a lot / a little

mye / lite

angry / calm

sint / rolig

beautiful / ugly

pen / stygg

beginning / end

start / slutt

big / small

stor / liten

bright / dark

lys / mørk

brother / sister

bror / søster

clean / dirty

ren / skitten

complete / incomplete

fullstendig / ufullstendig

day / night

dag / natt

dead / alive

død / levende

wide / narrow

bred / smal

edible / inedible

spiselig / uspiselig

evil / kind

ond / snill

excited / bored

begeistret / lei

fat / thin

tykk / tynn

first / last

først / sist

friend / enemy

venn / fiende

full / empty

full / tom

hard / soft

hard / myk

heavy / light

tung / lett

hunger / thirst

sulten / tørst

ill / healthy

syk / frisk

illegal / legal

ulovlig / lovlig

intelligent / stupid

intelligent / dum

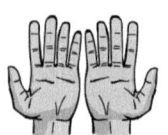

left / right

venstre / høyre

near / far

nære / langt unna

new / used

ny / brukt

nothing / something

ingenting / noe

old / young

gammel / ung

on / off

på / av

open / closed

åpen / stengt

quiet / loud

lavt / høyt

rich / poor

rik / fattig

right / wrong

riktig / feil

rough / smooth

ru / glatt

sad / happy

trist / glad

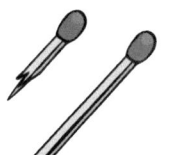

short / long

kort / lang

slow / fast

langsom / rask

wet / dry

vått / tørt

warm / cool

varm / lunken

war / peace

krig / fred

0	**1**	**2**
zero	one	two
null	en	to

3	**4**	**5**
three	four	five
tre	fire	fem

6	**7**	**8**
six	seven	eight
seks	sju	åtte

9	**10**	**11**
nine	ten	eleven
ni	ti	elleve

12

twelve

tolv

13

thirteen

tretten

14

fourteen

fjorten

15

fifteen

femten

16

sixteen

seksten

17

seventeen

sytten

18

eighteen

atten

19

nineteen

nitten

20

twenty

tjue

100

hundred

hundre

1.000

thousand

tusen

1.000.000

million

million

numbers - tall

languages

English

engelsk

American English

amerikansk engelsk

Chinese Mandarin

mandarin

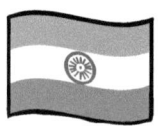

Hindi

hindi

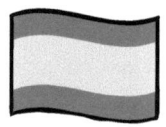

Spanish

spansk

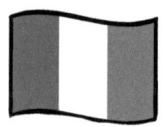

French

fransk

Arabic

arabisk

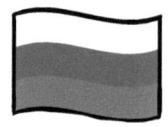

Russian

russisk

Portuguese

portugisisk

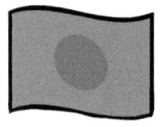

Bengali

bengali

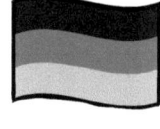

German

tysk

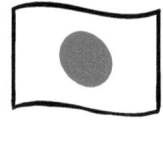

Japanese

japansk

I

jeg

you

du

he / she / it

han / hun / det

we

vi

you

dere

they

de

who?

hvem?

what?

hva?

how?

hvordan?

where?

hvor?

when?

når?

name

navn

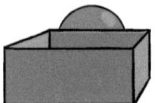

behind

bakom

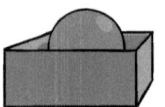

in

i

in front of

foran

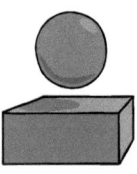

over

over

on

på

under

under

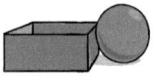

beside

ved siden av

between

mellom

place

sted